시를 쓸지언정 유언은 쓰지 않겠소!

책을 내면서

  우리 현대사에서 가장 엄혹한 시대를 살다간 육사 이원록 선생 탄신 110주년을 기념하여 우리시대 유명시인들의 육필시집을 펴냅니다. 선생의 필명 이육사의 뜻을 새겨 선정한 64인의 육필 시입니다.

  박해와 탄압이 극에 달했던 시기 거듭된 검거와 투옥을 겪으면서 "시를 쓴다는 것도 하나의 행동의 연속"이라고 시와 독립의 의지를 일체화 시킨 이육사, 육필시집은 그의 숭고한 정신을 현창하고 이어가기 위한 노력의 산물이기도 합니다.

  마흔의 생애를 외곬로 나라 찾는 일에 바치고 북경 감옥에서 순국한 선생의 불타는 의지를 다시 되새기면서, 책을 내도록 지원해 준 안동시와 기꺼이 동참해 준 참여 시인들께 고마움을 전합니다.

이천십사년 가을
이육사문학관

차례

10 백산다 | 고형렬

12 소주병 | 공광규

13 비 오는 주막 | 김명리

14 배꼽 | 김수복

15 도장골 시편-민달팽이 | 김신용

16 가을하늘 | 김영남

17 반성 608 | 김영승

18 4·19날 육사시비 앞에서 | 김용락

20 흰 목련에 먹줄을 놓고 | 김점용

21 쌍둥이 할아버지의 노래 | 김준태

22 마음이 흔들릴 때 | 김형영

23 상사화 | 류인서

24 이육사 | 맹문재

25 해가 지면 울고 싶다 | 문형렬

26 그 숲에 새를 묻지 못한 사람이 있다 | 박남준

27 모란강 | 박덕규

28 내 작은 비애 | 박라연

29 폐점 | 박주택

30 풀등 | 박진형

32 사랑 | 박철

33 자작나무 숲의 자세 | 복효근

34 애월 혹은 | 서안나

35 얼음 호수 | 손세실리아

36 채송화 | 송찬호

37 기억은 어항이 아니라서 | 신현림

38 보리밭 | 안상학

41 애가 | 엄원태

42 거미와 이슬 | 오봉옥

43 진흙을 빠져나오는 진흙처럼 | 오정국

44 五里 | 우대식

46 낙엽 | 유용주

47 가랑잎 무게 | 유재영

48	喪家에 모인 구두들	유홍준
50	사람의 저녁	윤제림
51	달밤	이경림
52	코스모스는 어디에 마음을	이규리
53	청정해역	이덕규
54	기러기 가족	이상국
55	막걸리	이승하
56	序詩	이시영
59	높새바람 같이는	이영광
60	북극성	이원규
61	저수지	이윤학
62	빛	이은봉
63	보리	이재무
64	젖은 신발	이정록
66	달맞이꽃	이흥섭
67	태초에 사랑이 있었다	임동학

68	달의 뒤편	장옥관
69	밀물	정끝별
70	단호한 것들	정병근
72	문고리	조은
73	둥근 발작	조말선
74	소나무	조용미
75	얼굴	차주일
76	종이에	채호기
77	옥편에서 '미꾸라지 추(鰍)자 찾기	천수호
78	거북이	최두석
80	닿고 싶은 곳	최문자
82	노을	최영철
83	두 하종오 씨의 순례-상상도	하종오
84	달과 설중매	함민복
85	목소리	홍영철
86	만년	황학주

89   작가 소개

이육사 시인 헌정

우리시대 시인 64인의 육필 시

백산다

고형렬

東海 멀리 바람 불어 보이지 않아요
白山茶 꽃잎 하나 가볍게 떠올라
내일 아침 10시에서 11시에 지오려고
수미봉에 어른어른 흔들리고 있습니다
남아 있는 검들이 한속으로 꿈꾸어

태인 白山茶 꽃잎 하나 동동 떴네
선한 마음만큼 罪진 마음 슬프게
아이들 꼭지 물고 어쩌자고 울까
東海 바람 불어 離別 보지 못했어요

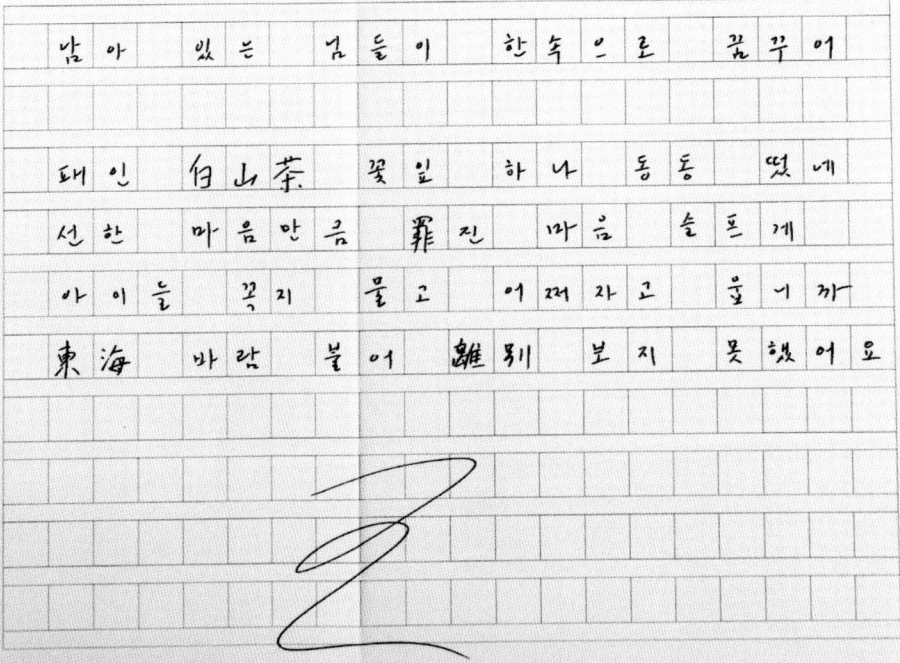

소주병

공광규 (1960~)

술병은 잔에다
자기를 계속 따라주면서
속을 비워 간다

빈 병은 아무렇게나 버려져
길거리나
쓰레기장에서 굴러다닌다

바람이 세게 불던 밤 나는
문 밖에서
아버지가 흐느끼는 소리를 들었다

내가 본
마루 끝에 쪼그려 앉은
빈 소주병이었다

비 오는 주막

김명리

비는 세상에서 제일 키 큰 사람
지친 새들이 가으내 끌고 오는 청람빛 하늘
가뭇없이 비 듣는 영원 청명포
목로에 지는 해
루핑그늘 부서진 풀밭이 흙 속으로 기울어가며
세월의 묵약, 여기 잠두된 허다한 나무들 위로
한정 없이 한나절 쏟아지는데
제에미, 해발 무한고도에 퍼지른 술청이여
저, 노래의 불안한 뒷덜미를 내 붙안으러니
情人인 양 부둥켜 이 길 서두르면
알고 또 알으리라
물은데 맞은 편 묏봉의 환한 산그늘!

배꼽

김수복

해가 빨려들어가서 나오지 않는
텃밭에 뱀이 기어들어간 밭고랑

소나기 지나간 뒤,
황톳길을 끌고 가는 노을의

꼬리가 숨어들어가서 나오지 않는
그곳

2016. 봄날에

도장곡 시편
— 민달팽이

냇가의 둑 위를
민달팽이가 기어간다
등에 짊어진 짐도 없는 저것
보호색을 띤, 갑옷에 패각 한 채 없는 저것
타액 같은 따끔미끈한 분비물로 전신을 감싸고
살으로 느릿느릿 기어간다
햇살에 새끼 손가락만 닿아도 말라 비틀어질 것 같은
부드럽고 연한 파육, 무방비로 열어 놓고
산책이라도 즐기고 있는 것인지
냇가의 둑길래 위에서 누군가를 즐겨 삼은 것인지
겉으면서도 잠든 것 같은 보폭으로 느릿 느릿 걸어 간다
꼭 울통 속을 빠져 나온 리오게네오 처럼
들과 구름의 순행 따라 걷는 은수행자 처럼
등에 짊어진 짐, 세상에게 던져주고
입어도 벗은 것 같은 처사의 화사로 하나는
그 우아움의 맨걸음으로 느리게 느리게 걸어간다

그 모습이 안쓰라워, 아내가 벗들에 서성 있는 내주 쏘사귀 하나를
앞을 위해 얹어주자
민달팽이는 잠시 멈칫거리다가, 귀찮다는 듯 얹은 쏘사귀 등개를
빠져 나가 버린다

치워라, 그늘!

떠난 받 5月. 산방에서
김신용

가을하늘

김영남

누가 쓴 편지일까

거미가 소인을 찍고

능금나무가

저렇게 예쁜 우표를 붙인

2014. 7. 20 쓰다

반성 608
김영승

어릴 적의 어느 여름날
우연히 잡은 풍뎅이의 껍질엔
못으로 긁힌 듯한
꼬부 상처의 아픈 자국이 있었다

잠깐 뒤에서
나는 그 풍뎅이를 놓아 주었다.

나는 이제
만신창이가 된 인간

그리하여 神은
나를 놓아 주신다.

2014. 6. 30
새벽 김영승.

4.19날 육사시비 앞에서

김용락

4.19날 아침
내리는 빗속을 걸어서 육사시비 앞에 당도했다
이 외진 곳까지
찾아오는 이 아무도 없고
'지금 눈내리고'라고 음각된 비면이 비에 젖어
더욱 깊게 보인다
오늘이 바로 4.19 사반세기라는데
길가의 풀들은 비에 젖어 청렬하게 솟아오르고
냇물은 돌조차도 힘이 돌아 소리치는 듯하지만
아는지 모르는지
사람들은 어깨를 맞대고 무심히 거리를 오간다
비를 맞으며
나는 잠시 고개를 숙여본다
그때, 당신이 북경의 차디찬 감방 속에서
젊은 한 시절을 보낼 때
그날, 또다른 당신들이 서울 한복판 거리에서
젊은 한 시절을 송두리째 날려 보낼 때도
아무 흔분없이 강은 저렇게 잔잔히 흘러갔고
역사도 무표정한 얼굴로 우리를 그냥 스쳐갔을까
이 소도시에서
그날의 참 뜻을 새기며 고개를 숙인 아침
강 건너 보리밭이 푸른 깃발을 흔들며 다가오고

흰 목련에 먹줄을 놓고

작업장 옆에 산수유가 피었다
매화가 피었다
목련이 피었다
들고 있던 먹통을 던져버리고 싶었다

꽃들은 내 터다
점심 때 막걸리 한사발로 속을 달래고
다시 먹통을 잡았다
흰 목련 아랫도리에 먹청을 꽂고
천지간에 먹줄을 놓았다

먹줄을 놓았으니
한쪽은 살리고
한쪽은 죽여야 하느니
겨울과 봄
하늘과 땅이 한 줄에 꿰었구나

살아생전
꽃으로 집을 지을 줄
누가 알았나

흰 목련을 깎고 다듬어
봄날의 집 한 채를 다시 짓느니
외로운 사람아, 너는 다셔 살아라
아지랑이 울타리에 바람이 분다

— 갑오년 사월에 김점용 짓고 쓰다

쌍둥이 할아버지의 노래
김준태

한 놈을 업어주니 또 한 놈이
자기도 업어주라고 운다
그래, 에라 모르겠다!
두 놈을 같이 업어주니
두 놈이 같이 기분좋아라 웃는다
남과 북도 그랬으면 좋겠다.

마음이 흔들릴 때

김형영

천년을 산 나무에
님은 머무시고
거기 맺힌 열매에도
그 열매의 씨앗에도
그 씨앗이 썩어 움트는 새싹에도
님은 머무시니
나무는 신이 나서 흔들리는 거라.
바람 한 점 없이도 흔들리는 거라.

내가 때로 마음이 약해져서
온갖 유혹에 흔들릴 때는
하늘에서 들려오는 소리,
그래, 그래, 흔들리거라.
네가 내 안에 머물고
내가 네 안에 머무니

땅이는 흔들리지 말고
뿌리 깊은 나무처럼만 흔들리거라.
그것도 잠시만 흔들리거라.

시집 「나무 안에서」 중에서

상사화

　　　　류인서

살 밖의 뼈가 어둡다

달팽이는 저녁이슬 한방울 깨물어 먹는다—

살 밖의 뼈가 어둡다

숲은 간이 싱싱한 어린 참나무를 찾고 있다—

꽃대궁은 이미 뜨겁다—

잎은 혼례에 늦은 신부를 데려오느라 아직 피지않는 잎다

살 밖의 뼈가 어둡다

멀리 둥주 밖 해바라기는 맑은 울음 소리를 낸다—

이육사

눈 내리는 북방에서 하나의 별을 노래했다
해적에 쫓긴 흥분으로 하나의 별을 노래했다
돌보다 단단한 방향타로 하나의 별을 노래했다

고달픈 몸을 원망하지 않고 하나의 별을 노래했다
서릿발을 밟으며 하나의 별을 노래했다
강철 같은 연모로 하나의 별을 노래했다

총칼 꽂힌 광야를 건너간 초인이여
형무소를 태워버린 불꽃의 혁명가여
민중을 발밤중 소리로 깨운 시인이여

칠포도의 진심로 하나의 별을 노래했다
꾸지개의 춤소리로 하나의 별을 노래했다
하늘의 새긴 뿌리때 하나의 별을 노래했다

— 맹문재

해가 지면 울고 싶다

문형렬

너는 알겠지
속도 모르고 해가 지면
내 가슴은 반짝반짝하는지,
기다리는 사랑은 또 얼마나 울렁거려 하는지,

너는 알겠지,
한 발 다가서면 더러움으로 보이는 강도
멀리서는 저렇게 붉게 일렁여
한 생애를 지나갈 것을

더러움이 아름다움을 가릴 수 없는데도
붉은 노을이 지면
저 더러움도 스스로 빛나
우리 가슴으로 오는 것을

내가 너의 속을 알고
네가 내 속을 알아서
더러움과 아름다움,
그 말없는 하루의 길에 서서
해가 지면 끝없이, 소리없이 울고 싶다

그 숲에 새를 묻지 못한 사람이 있다

박남준

나 오래 침엽의 숲에 있었다

건드리기만 해도 감각을 곤두세운 숲의 긴장이
비명을 지르며 전해오고는 했지 목숨이 다하는 폐허를
택해 숲의 입구에 무릎 꿇고 엎드렸던 시절을
생각한다 한때 나의 위안을 비상했던 새는 아직
멀리 묻어둘 수 없어서 가슴 언저리의 번 무덤으로
잊지 않았는데

숲을 헤매는 동안 지상의 슬픈 언어들과 함께 잠긴한
비밀을 늘어놓았지 우울한 시간이 일상을 차지했고
빛으로 나아갔던 옛날을 스스로 가두었으므로 이제 들은,
숲에 살 나가는 것 바라였다 새를 묻지 못한 사람이
푸지의 눈물같은 습막을 두르고 숲의 어둠을 떠다니고
있다

모 란 강

박덕규

애들아, 모란강
봄소풍 가자. 주먹밥 싸들고
다시는 핏덩축물 흘릴 리 없다.

하르빈 하르방 하르빈 하르방
기차를 타고 들판을 질러가자.

참새들 파란 싹 다 파먹니?
싸움터 말발굽 무덤가 바람개비
두메랑 달래랑 너 째잆나 나 슬프다.

모란의 강물이 할할
모래알 조약돌 알알이 매끄럽고
갑자기 수심 깊어 송사리떼 재빠르지.

쪽배를 밀어라, 저 돌섬은 놀래키라.

모란의 시절이 다시 돌아와
다시는 아픈 눈물 흘릴 리 없게.

이 시는 1988년 작입니다. 2014년 5월에 글씨로 새서
이육사 시인께 바칩니다. 박덕규.

내 작은 비애

― 박라연 ―

소나무는 굵은 몸통으로
오래 살면 살수록 빛나는 푸르가 되고
오이나 호박은 새콤달콤
제 몸이 오롯 숙될 때까지만 살며
백합은 제 입김과 제 눈까지
누군가의 어둠을 밝아낼 때까지만 산다는 것
그것을 안 뒤부터 나는
하필 사람으로 태어나
생각이 몸을 내릴때까지만 살지 못하고
몸이 생각을 내릴때까지 살아있어야 한다는 것
언 땅한 친구는
아침 이슬이라도 되는데,
나는 처음! 스물 서른이 마냥 그리운
사람으로 살아간다는 듯
그것이 슬펐다

폐점

박주택

문을 닫은 지 오랜 상점 본다
자정 지나 인적 드물 때 어둠 속에 갇혀 있는 인형
한때는 붓을 걸치고 있기도 했으리라
그러나 불현듯 귀기(鬼氣)가 서려오고
등에 서늘함이 밀려오는 순간

이곳을 처음 열 때의 여자를 기억한다
창을 닦고 물을 뿌리고 있었다
옷을 걸개에 거느라 허리춤이 드러나 있었다
아이도 있었고 커피 잔도 있었다

작은 이면 도로 생의 근심길
오토바이 한 대 지나가며
배기가스를 뿜어대는 유리문 밖

어느 먼 기억들이 사는 집이 그럴 것이다
어느 일생도 그럴 것이다

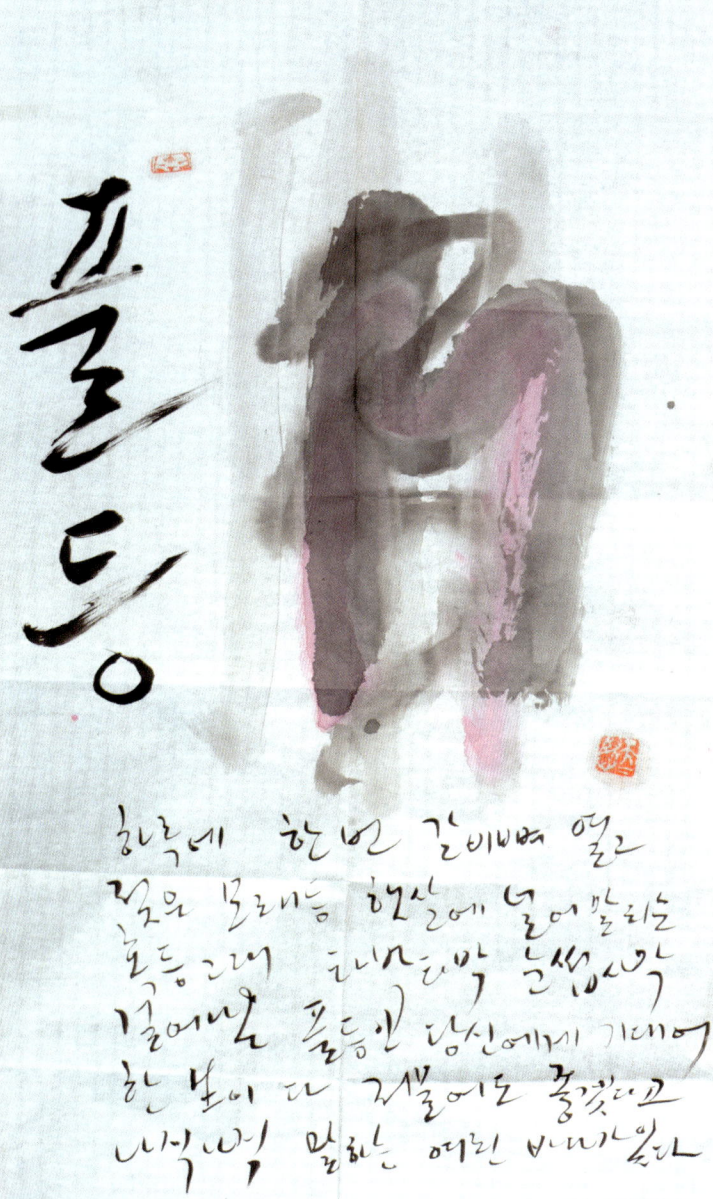

하루에 한번 길에빠져 엎은
꽃의 모래를 햇살에 날아말리는
풀등그대 내나비박 눈썹사막
끝에앉은 풀등인 당신에게 기대어
한 보이 다 저물어도 좋겠다고
사박사박 말하는 여린 바다가있다

김윤현 여름
여산 박가방 쓰고 그리다

사랑

박철

나 죽도록
너를 사랑했지만,
죽지 않았네
내 사랑 그만큼
모자랐던 것이다

자작나무 숲의 자세

　　　　　　　　　　　　　복효근

먼 나라 북쪽에 와서 자작나무 숲을 처음 보았다

때론 3미터로 넘게 쌓인다는 눈
자작나무로 지붕도 사람들의 어깨도 가파르다

저마다 생이 갖고 있는 가파른 경사를 이해하게로 한다
자작나무 숲은
그것이 무엇이든 쌓아두지 않는다

속살로 생을 건너가는 성자들처럼
다만 견결 별아래 그 빛깔을 닮아버려서
벗은 살결조차 눈빛이다

이 나무의 족속을 일부러 둘러다 보아야 하는 이유가
또 있다
원시사방에 길이 막혔을 때
하늘을 향하여 한사코 길을 내는 기도의 자세

　─ 오직
　　이 길 끝에 한 줌 재로 연기로 남지 않기를

나지막이 서로의 이름을 부르며
가끔 이웃가지를 흔들어 깨워주며
무거운 온혼으로 기어를 맞서는 흰빛의 연대를 보았다

　　　　　시집「따뜻한 외면」수록작품을
　　　　　2014 봄에 옮겨적다
　　　　　　　복효근

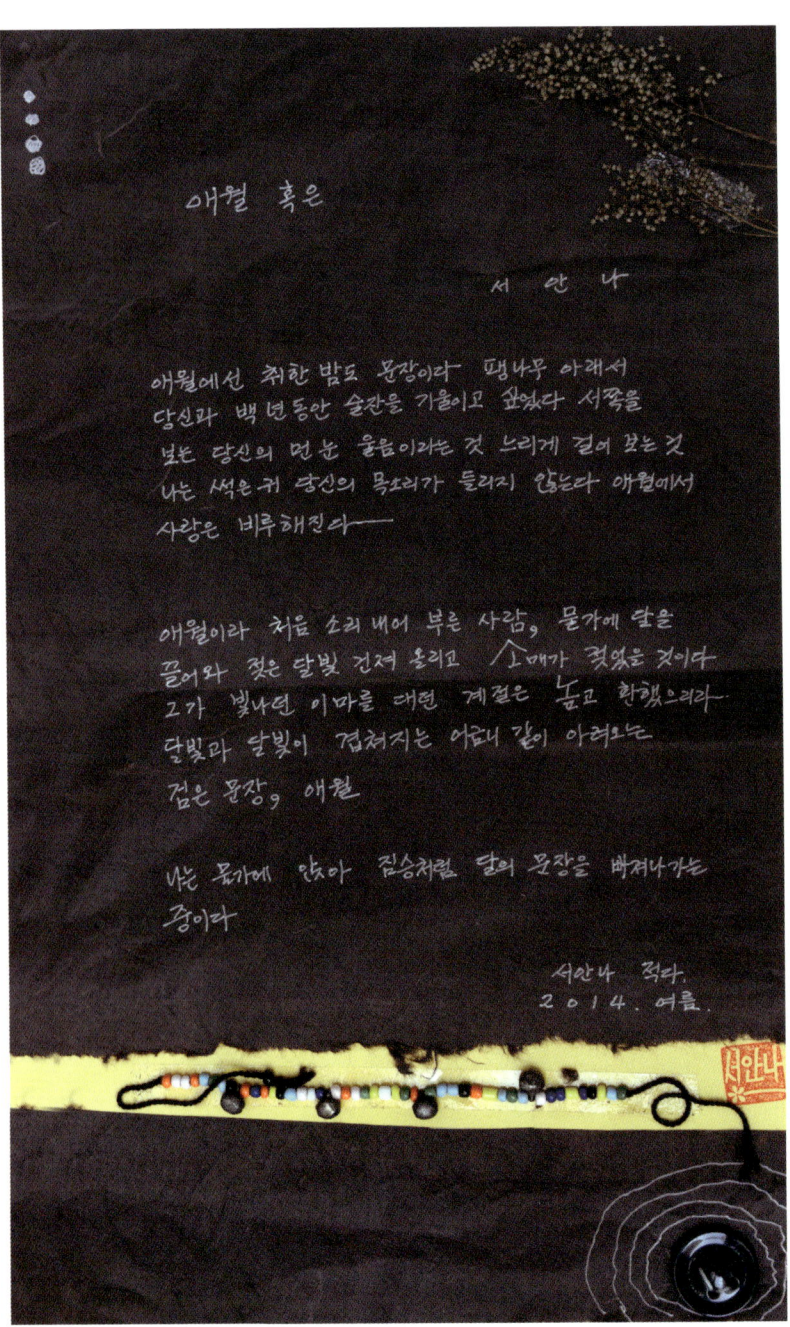

얼음 호수

손세실리아

제 몸의 구멍이란 구멍 차례로 돌어막고
생각까지도 죄다 걸어 닫더니만 결국
자신을 송두리째 얼해버린 호수를 본다
일절 흔들림 없다 요지부동이다
살아온 날들 돌아보니 온통 소요다
중간중간 위태롭기도 했다
여기 이르는 동안 단 한 번이라도
세상으로부터 나를
완벽히 봉해 본 적 있던가
한 사나흘 죽어본 적 있던가
없다, 아무래도 엄살이 심했다

채송화

송찬호

이 책은 소인국 이야기이다

이 책을 읽을 땐 쪼그려 앉아야 한다

책 속 소인국으로 건너가는 배는 오로지 버려진 구두 한 짝

깨진 조각 거울이 그곳의 가장 큰 호수

고양이는 고양이 수염으로 알록달록 포도씨만 한 주석을 달고

비둘기는 비둘기 똥으로 화석을 남겼다

물뿌리개 하나로 뜨락과 울타리
모두 적실 수 있는 작은 영토

나의 책에 채송화가 피어 있다

2014. 4. 30
보은에서

기억은 어항이 아니라서

신현림

기억은 어항이 아니라서
어항이 되어 사랑의 역사를 담고 싶어해
세상에 사랑 주며 떠난 사람들의 역사를

어디에서 왔는지 묻지 않기에
어디로 가는지도 모르는 이들이 느는 시대에
우리가 물고기인지 사람인지도 모르는 시간에
다치지 않고, 아프지 않으려고
쉽게 만나고 쉽게 헤어지는 시간에

죽은지 33년이 지나도 그 아들과 사는 어머니
헤어진지 3년이 지나도 그 애인과 사는 새댁
죽은 남편따라 무덤의 제비꽃으로 핀 아내

사랑하는 이를 가슴에 다 담지 못해
죽어서도 그의 은어떼를 품고 싶어해

기억은 어항이 아니라서
어항이 되고 싶어
정든 추억을 품고 싶어
흔들리고 싶어
천천히
모유빛처럼

보리밭 | 안상학

봄이 오는가 보다
두량실비 솟는바람
낮았던 꽃이 핀다
엄마 생각이 난다

꽃이 돌시 보기밭 울림 안상학

애가

이 저녁엔 노을 핏빛을 발려 햇코의 저음 현이 되었다 결코 혼자 우는 것은 아니지만 거기 엎드려 있는 너도 오래 전부터 울고 있다는 걸 안다 내가 날개죽을 선율로 가슴 쥐어뜯기듯 느끼는 동안 나는 독주자로 네 슬픔 떠받쳐주리라 우리는 의마를 엎어졌지만 함께 울고 있는 거다 오래 발하지 못한 입, 잡지 못한 가는 손가락, 안아보지 못한 어깨, 오래 입맞추지 못한 마른 입술로……

2014. 4.
엄원태

거미와 이슬

오봉옥

거미의 적은 이슬이다
끈끈이 점액질로 이루어진 집은
이슬의 발바닥이 닿는 순간
스르륵 녹기 시작한다
눅눅해진 거미줄로는
그 무엇도 붙들 수 없어
허공을 베어 먹어야만 한다

거미는 숙명적으로
줄 타는 곡예사가 된다
가느다란 줄에 때지어 매달리는 이슬을
곡예사가 아니고선
다 털어 낼 수 없기 때문이다

이슬의 살은 솜처럼 부드럽다
곡예사는 이슬을 발가락 끝으로 통
통 튕겨 보기도 하고
입으로 빨아들여 농구공처럼 톡
톡 내쏟기도 한다
작은 물방울들을 눈덩이처럼 굴려
크게 만들어 놓은 뒤
새총을 쏘듯이 거미줄을 당겼다 놓아
다시금 새하얀 구슬로 쏟아지게도
한다

이슬을 다 걷은 거미는
괜시리 한번 거미줄을 퉁겨 본다
오늘도 바람이 불면 그물망 한가닥
기둥처럼 붙잡고 흔들릴 것이다
그뿐인가,
팽팽한 줄이 퍼덕이는 순간
희심의 미소를 짓기도 할 것이다

진흙을 빠져나오는 진흙처럼

오정국

매미가 허물을 벗는, 점액질의 시간을 빠져나오는, 서서히 몸 하나를 버리고, 몸 하나를 얻는, 살갗이 찢겨지고 벗겨지는 순간, 그 날개에 번갯불의 섬광이 새겨지고, 개망초의 꽃묵뇌가 내려앉고, 생살 후비듯 뜯기듯, 끈끈하고 미끄럽게, 몸이 몸을 뚫고 나와, 몸 하나를 지우고 몸 하나를 살려내는, 발소리도 죽이고 숨소리도 죽이는, 여기에 고요히 내 숨결을 엿어보는, 난생처음 두 눈 뜨고, 진흙을 빠져나오는 진흙처럼

―甲午 晩春에 옮겨쓰다

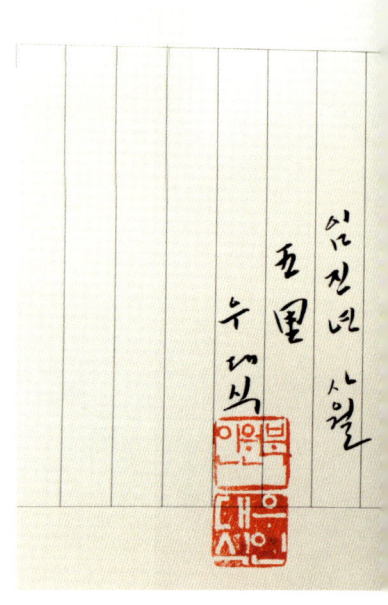

五百만 번 걸으면
꽃시 꽃 필 것이며
졸업하라 오솔길이 있을,
한 五百만 더 가면
숲으로 박꽃처럼 피다
香이 박힌 성황당
나무 숭걸이 보인다
그곳에서 다시 五百,
봄이 까치앉을 곳이다
五百만 가면 발달처럼
단술을 무엇이 한다 있을
햇살에 깊은 종다릴
두메 와이 양길
五百만 가면
에게,
졸 민꽃처럼 하얗게
서있을 것이다

낙엽

유용주

차마 놓지 못한 손이 있다

온 목숨 다해 잡고 싶은 손이 있다

흔벅이도록 끝내가 잡고 싶은 손이 있다

가랑잎 무게

유재영

열매주(酒) 한병 들고
다시 찾은 그 가을

어느새 그도 나도
얼주진 나이래서

받아든
가랑잎 무게
모주 내려
놓습니다

내 또래 그 가을을
보고싶어 찾았더니

귀룽나무 어디에도
친구는 간데 없고

파랗게
여문 하늘만
끌어안고
왔습니다

밤 깊어 헐렁한 구두 하나 아무렇게나 꿰신고
담장가에 가서 오줌을 누면, 보인다
北天에 새로 생긴 신발자국 별 몇 개

갑오년 초하
부천에서 삽가 졸시를 쓰다
유홍준

喪家에 모인 구두들

저녁 喪家에 구두들이 모인다
아무리 단정히 벗어놓아도
문상을 하고 나면 흐트러져 있는 신발들
젠장, 구두가 구두를
짓밟는 게 삶이다
밟히지 않는 건 亡者의 신발뿐이라
제각기 다른 곳에서 온 구두들이여
저건 네 구두고
저건 네 술이 떠 안
돼지고기 씹는 바닥가에
어울리지 않는 화환 벗게 세워놓고
봉투 받아라 봉투,
화투짝처럼 배를 까뒤집는 구두들

사람의 저녁

윤제림

내가 가도 되는데
그가 간다

그가 남아도 되는데
내가
남았다

달 밤

이 경림

수 천그루 나무들이 산 하나를 떠메고 가는
장관을 보았습니다

그들의 정처를 알길없는 나는
그 소란이 그저 고요커니 하였습니다
그 때 우리는 언제 한번 필적도 없는 벚꽃 아래서
길을 잃거나
산수유의 노란 허구렁에 눈을 주거나
그 밑에 잠시 똬리 틀고 잠든 초록 비단뱀 같은
마음 하나에 끄달리느라
방금 그 산이 수만리 저쪽으로
막 달아 나는 것도 몰랐습니다

그 자리, 처음보는 나무들이
처음 보는 산 하나를 떠메고 와서는
어디론가 또 내달리고 있었습니다

아아, 그 미친 속도를 무어라 쓸길이 없어
나는 속절없이 또 고요라 쓰고 말았습니다

코스모스는 어디에 마음을

이규리

몸이 가느다란 것은 어디에 마음을 숨기나
실핏줄 같은 이파리로
아무리 작게 웃어도 다 들키고 만다
오장육부가 꽃이라,
기척만 내도 온 체중이 흔들리는
저 가뭇의 내력은 허약하지만
잘 보라
흔들리면서 흔들리면서도
똑같은 동작은 한번도 되풀이 않는다
코스모스의 중심은 흔들림이다
흔들리지 않았다면 몰랐을 중심,
중심이 없었으면 몰랐을 흔들림,
아무 것도 숨길 수 없는 마른 체형이
더 무거운 걸 숨기고 있다

청정해역

— 이덕규

여자하고 남자하고
바닷가에 나란히 앉아 있다네
하루종일 아무짓도 안 하고
중이염 같은
서로의 마음 안쪽을
자연스레 쓰다듬고 있다네
너무 맑아서
바닷속 깊이로 울리는
이웃 연인들은 저렇게
가까이 앉는 속도 잡는 데한
평생이 걸린다네
아내여, 함께 앉아
저렇게 수평선만 바라보아도
그 먼 바다에서는
멸치떼 같은 아이들이 태어나
떼지어 떼지어 몰려다닌다네

기러기 가족

- 아버지 공지호에서 좀 쉬었다 가요

- 시베리아는 멀다

- 아버지 우리들 때 이렇게 날아야 해요?

- 그런 소리 말아라
 저 밑에는 날개도 없는 것들이 많단다

  권호니 이상

막걸리

이승하(李昇夏)

갈지자 걸음으로 큰아버지 오신다
전우의 시체를 넘고 넘어
시멘트 흰 판 앞은 명백이 머리 깎고
어쩔 어쩔 어질머리 큰아버지 오신다

갈지자 걸음으로 취복한 큰아저씨 오신
다
은행에 돌아나온 그대로 은행을 아니
다녀
취복한 모습 이 나는 취소 당한 인사
친척
삼촌 삼촌 흥얼이며 기최 아저씨 오신다

갈지자 걸음으로 은혼 당숙 오신다
이 풍진 세상을 만났으니 너의 희망
이 무엇이냐
북망으로 퇴신하는 그 땅이 묻힌 종
조부님
글썽 글썽 맺서 보며 경복한 은숙 당숙
오신다

序詩

李時英

에서 오가 그거는 얼굴
산 넘고 물 건너 밤 이디더 간 사람아

댓 늪만 삼 강에도 너 기다리는 얼굴들
봉창 열고 슬픈 눈동자를 태우는데
이 밤이 새기 전에 땅을 훔치며 오라
에서 에게 눈의 신 이야기를 듣자

序詩 | 이시형

높새바람같이는

이영광

나는 다시 넋말을 두르고 앉아 생각하네
당신과 함께 있으면 내가 좋아지던 시절이 있었네
내겐 지금 높새바람같은 잘 견디지 못하는 몸이 하나 있죠,
높새바람같이는 살아지지 않는 마음이 하나 있고,
문질러도 피 흐르지 않는 생이 하나 있네
이것은 재가 되어가는 파국의 용사들
여전히 전장에 버려진 짐승 같은 진실들
당신은 끝내 치유되지 않고
내 안에서 꼿꼿이 죽어가지만,
나는 다시 넋말을 두르고 앉아 생각하네
당신과 함께라면 내가, 자꾸 내가 좋아지던 시절이 있었네

북극성

이원규

숲속에 홀로 누운 밤이면
나의 온몸은 나침반
그대 향해 파르르 떠는 바늘

밤새 외눈의 그대 깜박일 때마다
나의 몸도 팽그르르 돌아
정신이 없다

극과 극의 사랑이여
단 하룻밤 만이라도
두께비집을 내리고 싶다

저수지
이윤학

하루 종일,
너를 따라 내려가다보면 그 저수지가 나오네
내 눈 속에 올챙이가 헤매고 있네
내 머릿속에 손바닥만한 고기들이
바닥에서 묵직하게 헤엄치고 있네

물결들만 없었다면, 나는 그것이
물은 반사하는
햇빛이 깊은 거울인 줄 알았을 거네
세상의 속까지 보여주는 거울이 있다고
믿었을 거네

거꾸로 박혀 있는 어두운 산들이
돌을 받아먹고 괴로워하는 저수지

바닥까지 간 돌은 사체와 같아
곧 진흙 속으로 비집고 들어가 쉬어지게 되네

빛

이은봉

버드나무 잎새는 바람에 흔들리면서 빛나고
우리동네 길쳥는 눈발 속에서도 빛나고
그 까 버린 소주병은 배에 젖어 빛나고
십자가에 못 박혀 홀쑥하는 예수는
교회당 차임벨 소리에 빛나고
하루 일을 마치고 돌아오는 홀아비는
설레는 첫가슴으로 빛나고
나는 오늘도 별처럼 눈물에 반짝여 빛나네.

보리

이재무

보리밭 속에 들어가
보리와 함께 서본 사람은
알리라 바람의 속도와
비의 깊이를,
보리밭 속에 들어가
보리와 함께 흔들리며
일생을 살아가는
사람은 옳게 이가는 길
그것은 바로
바르게 서서 푸르게 생을 사는
자세에 있다는 것을

젖은 신발

이정록

아이들 운동화는
대문 옆 담장 위에 말려야지.
우리 집에 막 발을 내딛는
첫 햇살로 말려야지.

어른들 신발은 지붕에 올려놔야지.
개가 물어가지만 않으면 되니까.
놀고 험한 데로 밥벌이하러 나가야 하니까.

어릴적에, 할머니께서 가르쳐주셨지.
북망산천 가까운 사랑방 툇마루에
당신은, 당신 흰 고무신을 말리셨지.

노을 빛에 말리셨지.
여든 저승길, 미리 넘어져보는 거야.
달빛에 엎어놓으셨지.
신발이 고꾸라져 있었지.

마지막은 다 밤길이야.
제물에도 거둬들이지 않으셨지.
별빛이 그렁그렁 고여 있었지

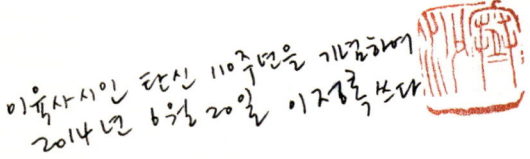

이육사시인 탄신 110주면을 기념하여
2014년 6월 20일 이정록 쓰다.

젖은 신발 | 이정록

달맞이꽃

이홍섭

한 아이가 돌을 던져놓고
돌이 채 강에 닿기도 전에
두 손으로 얼굴을 가린다

어디로 날아갈지 모르던
돌 같던 첫사랑도 저러했으리

그로부터 너무 멀리 왔거나
그로부터 너무 멀리 가지 못했다

태초에 사랑이 있었다

林東確

금세 어디론가 사라져간다 해도 저만큼
아주 오래전부터 알고 있는 듯한 눈동자

분명 처음이었는데도 늘 가까이서
지켜봤을 것 같은 예감에 휩싸여 갔다

여전히 알 수 없는 진화와 창조의 세월 너머
언제 어디선가 해독되기를 기다리며 쏟아지는,

단 한 차례의 획률 같은 빗방울 하다가
홀연 무방비한 품 속으로 뛰어 들어왔다

아무도 맞설 수 없는, 제 운명을 떠밀고 가는 힘

태초에 사랑이 있었다

〈陸史 탄생 110주년을 기리며
2014년 4월 後學 林東確 씀〉

달의 뒤편

긁을 때 아무리 용써도 손닿지 않는 곳이 있다. 경상도 사람인 내가 읽을 수는 있어도 발음할 수 없는 시니피앙 '어'와 '으', 달의 뒤편이다. 천수관음처럼 손 바닥에 눈알 붙이지 않는 한 볼 수 없는 내 얼굴, 달의 뒤편이다. 묵고운 전기고문 꼬챙이에 꿰에 돌려도 모르는 것은 모르는 건 더듬이 떼고 날개 떼의 구워 먹을 수는 있어도 빼앗을 수 없는 쥐뚜라미 울음 같은 것, 내 눈동자의 뒤편이다.

손수 장옥관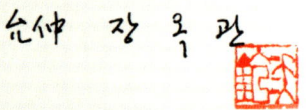

밀물

가까스로 저녁에서야

두 척의 배가
미끄러지듯 항구에
닻을 내린다
벗은 두 배가
나란히 누워
서로의 상처에 손을 댄데

목마하구나 다행이야
응, 바다가 잠잠해서

정끝별

단호한 것들

정백근

나무는 서있는 한 모습으로
나의 눈을 푸르게 길들이고
물은 흐르는 한 천성으로
내 겨울 바다에까지 얼어놓더라

바람에 밝히면서 잔 움직거리 않는 돌들
간혹, 천길 낭떠러지를 내 젊음을 깨웠노라
우리 거느리 나라, 하늘은 명새에에도
잎술 사이에도 돌의 겹켜는 있고

보이 않아도 아득산 그 어디엔
으스나리꽃 활짝 피어서
지금쯤 한 비바람 맞으며
단호하게 지고 있을 걸

서있는 것들, 흔들리는 것들, 잘 움직이지 않는 것들,
함께 따르지는 것들
추호의 망설임도 한점 미련도 없이
제갈길 가는 것들
뚜벅 뚜벅 걸어가는 것들

문고리

조은

삼 년을 살아온 집에
문고리가 없어졌다
하루에도 몇 번씩
열고 닫았던 집의 문이
벽이 꽉 닫혀있다
문을 벽으로 바꿔버린 것은 존재
벽 너머의 세상을 일깨우는 존재
문고리를 고장 내었던 못을 빼내고
삶은 쉬울 리 들여다보니
구멍이 뻥 뚫린 해골처럼 처연하다
언젠가 나도 많이 닳은 문고리처럼
이 세상으로부터 떨어져 나갈 것이다
나처럼 문고리를 잡고 열던 세상이
얼마큼은 원하고 믿을 수만 있다면!
내가 살기 전에도
누군가가 수십 년을 살았고
문을 새로 바꾸고도 수십 년을
누군가가 살았을 이 집에서
살아내면 문고리
살고 있는 내 몸

둥근 발작

조말선

사과 묘목을 심기 전에
좁은 철사 줄과 말뚝으로 묘이 기둥 장악하셨소
흰 사과꽃이 흩날리는 자유다 억압의 이중주조 안에서
신경증적인 열매가 맺힐 것입니다
줄거지가 뻗으면 반드시 철사줄에 동여매세요
자기 성향이 굳어지기 전에 호흡을 주입하세요
무엇보다 가장 중요한 것은 서장목제 입니다
원예가의 눈높이 이상은 금물입니다
낮을 뚫도록 강요하세요
나무에서 인간으로 퇴화시키세요
안된다 안된다 안된다, 부탁하세요
맹랑한 돌처럼 사과가 주렁주렁 열릴 것입니다
하지 마 하지 마 하지 마, 억누르세요
빨이 발갛게 달아오를 것입니다
극심한 일조량이 많도록 결정했다면
극심한 결정고 가뭄는 빛결도 결정합니다
폭염에는 모차르트를
우기에는 쇼스타코 비회를 친합니다
한 가지 감상이 끝나지 않도록 경계하세요
나른한 태양, 충충한 달빛, 얇은 구개부는 미풍
양력의 곡사운 풍경은 저하되어감 유익입니다
위로 뻗을때마다 랑칸 말뚝을 박으시오
열매가 풍성하도록 꽁꽁 철사줄에 동여매시오
자유다 억압의 이중주로 흥거워
둥근 발작을 유도하시오

소나무

조용미

나무가 우레를 먹었다
우레를 먹은 나무는 암자의 산신각 앞 바위 위에 외로 서 있다
암자는 구름 위에 있다
우레를 먹은 그 나무는 소나무다
번개가 소나무를 휘감으며 내리꽂혔으나
나무는 부러지는 대신
번개를 삼켜버렸다
칼자국이 지나간 검객의 얼굴처럼
비스듬히
소나무의 몸에 긴 흉터가 새겨졌다
소나무는 흉터를 꽉 물고 있다
흉터는 오랫동안 없어지지도 못한다
흉터가 더 두껍다
우레를 꿀꺽 삼켜 소화시켜버린 묵음대가
툭 불거져나다 구불구불한
저 소나무는

얼굴

차주일

아이가 도화지에 처음 그린 얼굴
입이 없어 완벽하다
평생 살아내야 새길 수 있는 주름을 닮은 선(線)은
다신치도 그려낼 수 없는 입술을 감춰놓고 있다
아이 같은 마음에게만 그려지는 숨겨진 입술이 비칠 때
선은 주름의 본성을 드러내고 숨쉬기 시작한다
붓, 선의 눈이 깜박여 체온을 부풀리고 있다
본디 도화지처럼 평면이었던 내 얼굴도
누군가의 손에서 그려지는 대로 자리잡아 왔을 것이다
얼마나 많은 연필의 무려진 흔적일까, 내 광대뼈는
한 사람의 사랑 고백을 부추겼던 뺨의 홍조는
또 얼마나 많은 볼펜의 지우개가 뭉쳐 뭉뚝였을까
내 소리를 추리들어 말[言]되게 했던 정선과
옷까지 걷게 한 소명으로 짙어지는 것들, 모두
얼굴에 주름살로 되살아난다
주름은 아래쪽으로 쳐져왔다
입 하나 달아맨 채 선(禪)에 들어왔다
나는 그 앞에서 아무것도 묻지 못하고 한다
아이가 숨겨둔 미소 하나 들려 나올 뿐이다

종이에

피도 아닌, 무언가, 멈칫

멈칫, 맴도는, 가까이
아주 가까이 맥박 같은 기미로,
멀리 갔다 되돌아오는 무언가

있다, 손끝에, 손톱 아래.

종이에 묻은, 흘러내려 굳은,
흔적에서 냄새가 난다.
당신이 내 살에 써서 남긴 글자.
눈을 읽고 점자로 읽는
내 손가락, 손끝에,
손톱 아래, 무언가

부드러지며 녹아내린
당신이 숨 쉰 촉감이
종이 위에 얼룩져 있다.

눈을 버리고 코끝에, 가까이

아주 가까이 멈춘
글자는 숨 쉰다. 한번,

숨 막혀본다.

2014. 4. 30
채호기 씀

옥편에서 '미꾸라지 추(鰍)'자 찾기

천수호

도랑을 한 번 쭉 훑어보면 알 수 있다
어떤 놈이 살고 있는지
흙탕물로 곤두박질치는 鰍
그 꼬리를 기억하며 鰍를 갖다 댄다
다리를 휘어휘이 감아 오는
물풀 같은 글자들
송사리 추(鯫), 잉어 추(鯉), 쏘가리 추(鱖)
발끝으로 조근조근 밟아 내리면
잘못 걸려드는
올챙이 거머리 작은 들뱅이들
어차피 속뜻 모르는 놈 찾는 일이다
온 도랑 술렁인 뒤 건져올린
비린내 묻은 鰍는 가랑잎처럼 떨구고
비슷한 꼬리의 鯫, 鯉, 鱖만
자꾸 잡아 올린다

거북이

최두석

갯바위 위에 웅크린
거북이 한 마리
부서지는 파도 맞으며
뒤설레는 밤바다 응시하고 있다

운명의 행로처럼
등껍데기에 펼쳐진
세상과 세월의 지도 위로
별빛이 빛난다

애초부터 잔재주의
토끼와 경주할 생각은 없었다
묵묵히 생애를 걸고
제 길을 갈 뿐인 것이다.

닿고 싶은 곳 | 최문자

닿고 싶은 곳

최문자

나무들은 죽을 때
슬픔 쪽으로 쓰러진다
늘 비어서 슬픔의 하중을 받던 곳
그 쪽으로 죽음의 방향을 정하고 서있다
꽉 움켜잡았던 흙을 놓는다

새들도 마지막엔 지상으로 내려온다
죽을 줄 아는 새는 땅으로 내려온다
허공에 떴던 삶을 다 데리고 내려온다
종종거리다가
처음 대고 싶은 뺨을 찾는다

죽지 못하는 것들은 모두 서있다
무방향으로 높을 뜨고

아픔대로 서있다
입욕할 양식을 들고
땀을 흘리고 있다

노을

최영철

한 열흘 대장장이가 두드려 만든
초승달 칼날이
만사 다 빗장 지르고 터벅터벅 돌아가는
내 가슴살을 스윽 벤다
누구든 함부로 기울면 이렇게 된다고
피 닦은 수건을 우리 집 뒷산에 걸었다

두 하종오 씨의 순례
—상상도

하종오

서울시민 하종오씨는 걸어서 평양 가고
평양시민 하종오씨는 걸어서 서울 간다
두 하종오씨는 옛 비무장지대에 다다라
호기심 가득한 얼굴로 돌아다니다가 마주치자
첫 쪽에 눈인사하리만 동명이인인 줄 모르고
목적지까지 얼마나 걸릴지 서로에게 물은 다음
지방도시 사는 시민이려니 여기고 금세 잊는다
서울시민 하종오씨는 처음 밟는 북한 길 걷다가 쉬고
평양시민 하종오씨는 처음 밟는 남한 길 걷다가 쉰다
평양에 도착하고 서울에 도착하기까지 찬찬히
각각 도로표지판에게 간판 올라며
집 모양새에게 옷차림새에게 산봉우리에게 강줄기에게
두 하종오 씨는 낯설어하며 두 눈에 담다가
문득 경건해져서 더욱 찬찬히 걷는다

달과 설중매

함민복

당신 그리는 마음 그린가
아무 곳에나 내릴 수 없어
눈 위에 피었습니다

꽃이라고
마음 흔들어 주었으니
당신인가요

흔들리는
마음마저 보여주었으니
사랑인가요

보세요
제 향기도 당신 닮아
은은하게 피었습니다

목소리

홍영철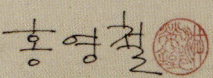

너의 목소리를 들으면
내 마음이 놓인다
너의 목소리를 들으면
내 가슴이 즐겁다
우리를 살고 싶게 하는
그 목소리여,
너는 어디 있느냐

만년(晩年)

황학주

조용한 동네 목욕탕 같은
하늘 귀퉁이로
목밑에 봄을 기댄 저녁이 온다

만년은 가득한 곳
눈꺼풀 처진 등빛 꺼져 간다
눈꺼풀이 맞닿을 때만 보이는 별별도 있다

저녁 가장자리에서
사랑의 충격 속으로 한 번 더 시인이여,
외침조차 조용하여 기쁘다

하늘 귀퉁이 맥을 짚으며
물 흐르는 소리에 나는 옷끈을 찮는다

방게미와 시간을 보내는
혼자만의 방게미 문희가 비쳐 있다

2014. 4. 10.
황학주

작가 소개

고형렬

1954년 11월 강원도 속초에서 출생 했으며 1979년『현대문학』에「장자莊子」로 등단하였다. 시집『대청봉大靑峯 수박밭』,『밤 미시령』,『지구를 이승이라 불러줄까』, 장시『리틀보이』,『붕鵬새』등을 출간하였다.

공광규

1960년 서울 돈암동에서 출생하여 충남 청양에서 성장했다. 1986년 월간『동서문학』으로 등단하였으며 시집『대학일기』,『마른 잎 다시 살아나』,『지독한 불륜』,『소주병』,『말똥 한 덩이』,『담장을 허물다』와 저서『신경림 시의 창작방법 연구』,『시 쓰기와 읽기의 방법』,『이야기가 있는 시 창작 수업』, 동시 그림책『구름』등을 출간하였다. 신라문학대상, 윤동주상 문학대상, 동국문학상, 김만중문학상, 현대불교문학상, 고양행주문학상을 수상하였다.

김명리

1959년 대구에서 출생하였으며 1984년『현대문학』으로 등단하였다. 시집으로『물 속의 아틀라스』,『물보다 낮은 집』,『적멸의 즐거움』,『불멸의 샘이 여기 있다』등이 있다.

김수복

1953년 경남 함양 출생이며 1975년 『한국문학』으로 등단하였다. 시집 『지리산타령』, 『낮에 나온 반달』, 『새를 기다리며』, 『기도하는 나무』(시선집), 『또 다른 사월』, 『모든 길들은 노래를 부른다』, 『사라진 폭포』, 『우물의 눈동자』, 『달을 따라 걷다』, 『외박』 등과, 시론집 『우리 시의 상징과 표정』, 『별의 노래』(윤동주 평전), 『상징의 숲』, 『문학공간과 문화콘텐츠』 등을 출간하였다. 편운문학상, 『서정시학』 작품상을 수상하였다.

김신용

1945년 부산에서 출생하였으며 1988년 무크지 『현대시사상』으로 등단하였다. 시집 『버려진 사람들』, 『개 같은 날들의 기록』, 『몽유 속을 걷다』, 『환상통』, 『도장골 시편』, 『바자울에 기대다』, 『잉어』, 시선집 『부빈다는 것』 등이 있다.

김영남

1957년 전남 장흥에서 출생하였으며 1997년 세계일보 신춘문예로 등단하였다. 시집 『정동진역』, 『모슬포 사항』, 『푸른 밤의 여로』, 『가을 파로호』 등을 출간하였다.

김영승

1958년 인천에서 출생하였으며 1986년 『세계의 문학』으로 등단하였다. 시집 『반성』, 『車에 실려가는 車』, 『취객의 꿈』, 『아름다운 폐인』, 『몸 하나의 사랑』, 『권태』, 『무소유보다도 찬란한 극빈』, 『화창』, 『흐린 날 미사일』 에세이집 『오늘 하루의 죽음』을 출간하였고 불교문예작품상, 인천시문화상, 지훈문학상을 수상하였다.

김용락

1959년 경북 의성 출생이며 1984년 창비신작시집 『마침내 시인이여』에 시를, 1985년 『분단시대』 2집에 평론 〈동시와 역사의식〉을 각각 발표하며 등단하였다. 시집 『[푸른별』, 『기차소리를 듣고 싶다』, 『시간의 흰 길』, 『단촌역』, 『조탑동에서 주어들은 시 같지 않은 시』. 시 해설집 『시와 함께 하는 오후』. 평론집 『민족문학논쟁사연구』, 『지역, 현실, 인간 그리고 문학』, 『예술과 자유』, 『이야기로 풀어 읽는 시의 세계』(공저). 대담집 『나의 스승, 시대의 스승』등을 출간하였다.

김점용

1965년 경남 통영 출생이며 1997년 『문학과 사회』로 등단하였다. 시집 『오늘 밤 잠들 곳이 마땅찮다』, 『메롱메롱 은주』를 출간하였다.

김 준 태

1948년 전남 해남 출생으로 1969년 월간 『시인』지로 등단하였다. 시집 『참깨를 털면서』, 『나는 하느님을 보았다』, 『국밥과 희망』, 『불이냐 꽃이냐』, 『넋통일』, 『오월에서 통일로』(판화시집), 『아아 광주여 영원한 청춘의 도시여』, 『칼과 흙』, 『통일을 꿈꾸는 슬픈 色酒歌』, 『꽃이, 이제 지상과 하늘을』, 『지평선에 서서』, 『형제』, 『쌍둥이 할아버지의 노래』, 『밭詩』 등을 출간하였다.

김 형 영

1945년 전북 부안 출생이며 1966년 『문학춘추』 신인 작품 모집, 1967년 문공부 신인예술상에 각각 당선되면서 등단하였다. 시집 『모기들은 혼자서도 소리를 친다』, 『기다림이 끝나는 날에도』, 『낮은 수평선』, 『나무 안에서』 등을 출간하였고 현대문학상, 한국시협상, 한국가톨릭문학상, 육사시문학상, 구상문학상 등을 수상하였다.

류 인 서

1960년 경북 영천에서 출생하였으며 2001년 『시와 시학』으로 등단하였다. 시집 『그는 늘 왼쪽에 앉는다』, 『여우』, 『신호대기』를 출간하였으며 육사시문학상 젊은시인상을 수상하였다.

맹문재

1963년 충북 단양에서 출생하였다. 1991년 『문학정신』으로 등단하였으며 시집 『먼 길을 움직인다』, 『물고기에게 배우다』, 『책이 무거운 이유』, 『사과를 내밀다』, 『기룬 어린 양들』이 있다.

문형렬

1955년 경북 고령에서 출생하였다. 1975년 매일신문 신춘문예에 동화 당선, 1982년 조선일보 신춘문예에 시 당선, 매일신문 신춘문예에 소설이 당선되었다. 『우리 세대의 문학』에 「실명기」를 발표하였고, 1984년 『조선일보』 신춘문예에 소설이 당선되었다. 시집 『꿈에 보는 폭설』, 『해가 지면 울고 싶다』를 출간하였다.

박남준

1957년 전남 법성포에서 출생하였다. 1984년 시전문지 『시인』으로 등단하였으며 시집 『그 숲에 새를 묻지 못한 사람이 있다』, 『다만 흘러가는 것들을 듣는다』, 『적막』, 『그 아저씨네 간이 휴게실 아래』등과, 산문집으로 『작고 가벼워질 때까지』, 『꽃이 진다 꽃이 핀다』, 『박남준 산방일기』, 『스님. 메리크리스마스』등이 있다. 평화인권문학상, 천상병문학상을 수상하였다.

박 덕 규
1958년 안동에서 출생하고 대구에서 성장하였다. 1980년 『시운동』으로 등단하였으며 시집 『아름다운 사냥』이 있다.

박 라 연
11951년 전남 보성에서 출생하였다. 1990년 동아일보 신춘문예에 「서울에 사는 평강공주」가 당선되어 시단에 나왔으며, 시집으로 『서울에 사는 평강공주』, 『생밤 까주는 사람』, 『너에게 세들어 사는 동안』, 『공중 속의 내 정원』, 『우주 돌아가셨다』와 산문집으로 『춤추는 남자, 시 쓰는 여자』 등이 있다. 윤동주문학상을 수상했다.

박 주 택
1959년 충남 서산에서 출생하였으며 1986년 경향신문 신춘문예로 등단하였다. 시집 『꿈의 이동건축』, 『방랑은 얼마나 아픈 휴식인가』, 『사막의 별 아래에서』, 『카프카와 만나는 잠의 노래』, 『시간의 동공』, 『또 하나의 지구가 필요할 때』, 시론집 『낙원회복의 꿈과 민족 정서의 복원』과 평론집 『반성과 성찰』, 『붉은 시간의 영혼』, 『현대시의 사유구조』 등을 출간하였으며 현대시작품상, 이형기 문학상, 소월문학상 등을 수상하였다.

박진형

1954년 경북 경주에서 출생하였으며 1985년 매일신문 신춘문예, 1989년 『현대시학』으로 등단하였다. 시집 『몸나무의 추억』, 『풀밭의 담론』, 『너를 숨쉰다』, 『퍼포먼스』, 『풀등』을 출간, 『서른 여섯 편의 사랑노래』를 엮었다. 대구문학상을 수상하였다.

박철

1960년 서울 출생으로 1987년 『창작과 비평』을 통해 등단했다. 시집 『김포행 막차』, 『영진설비 돈 갖다주기』, 『사랑을 쓰다』, 『불을 지펴야겠다』, 『작은 산』 등을 출간하였다.

복효근

1962년 전북 남원 출생이며 1991년 계간 『시와 시학』으로 등단하였다. 시집 『당신이 슬플 때 나는 사랑한다』, 『버마재비 사랑』, 『새에 대한 반성문』, 『누우 떼가 강을 건너는 법』, 『목련꽃 브라자』, 『마늘촛불』, 『따뜻한 외면』 등을 출간하였다.

서안나

1965년 제주에서 출생하였으며 1990년『문학과 비평』으로 등단하였다. 시집『푸른 수첩을 찢다』,『플롯 속의 그녀들』,『립스틱 발달사』, 동시집『엄마는 외계인』을 출간하였다.

손세실리아

1963년 전북 정읍 출생으로 2001년『사람의 문학』으로 등단하였다. 시집『기차를 놓치다』가 있다.

송찬호

1959년 충북 보은 출생이며 1987년『우리 시대의 문학』으로 등단하였다. 시집『흙은 사각형의 기억을 갖고 있다』,『붉은 눈, 동백』,『10년 동안의 빈 의자』,『고양이가 돌아오는 저녁』, 동시집『저녁별』을 출간하였다.

신 현 림

1961년 경기도 의왕 출생이며 1990년『현대시학』으로 등단하였다. 시집『지루한 세상에 불타는 구두를 던져라』,『세기말 블루스』,『당신이라는 시』,『해질녘에 아픈 사람』등을 출간하였다.

안 상 학

1962년 경북 안동 출생으로 1988년 중앙일보 신춘문예에 시「1987年 11月의 新川」이 당선 되었다. 시집『그대 무사한가』(1991),『안동소주』(1999),『오래된 엽서』(2003),『아배 생각』(2008),『그 사람은 돌아오고 나는 거기 없었네』(2014)가 있다.

엄 원 태

1955년 대구에서 출생하여 1990년 계간『문학과사회』를 통해 등단하였다. 시집『침엽수림에서』,『소음에 대한 보고』,『물방울 무덤』,『먼 우레처럼 다시 올 것이다』을 출간하였다.

오 봉 옥

1961년 광주 출생이며 1985년 『창비 16인 신작시집』에 「내 울타리 안에서」 외 7편을 발표하며 등단하였다. 시집 『지리산 갈대꽃』, 『붉은산 검은피 1, 2』, 『나같은 것도 사랑을 한다』, 『노랑』 등을 출간하였다.

오 정 국

1956년 경북 영양 출생으로 1988년 『현대문학』을 통해 등단하였다. 시집 『저녁이면 블랙홀 속으로』, 『모래무덤』, 『내가 밀어낸 물결』, 『멀리서 오는 것들』, 『파묻힌 얼굴』, 문학평론집 『시의 탄생, 설화의 재생』, 『비극적 서사의 서정적 풍경』 등을 출간하였다. 지훈문학상, 이형기문학상을 수상했다.

우 대 식

1965년 강원도 원주 출생으로 1999년 『현대시학』을 통해 등단하였다. 시집 『늙은 의자에 앉아 바다를 보다』, 『단검』, 『설산 국경』, 산문집 『죽은 시인들의 사회』 등을 출간하였다.

유 용 주

1960년 전북 장수 출생이며 1991년 『창작과비평』으로 등단하였다. 시집으로 『가장 가벼운 짐』, 『크나큰 침묵』, 『은근살짝』, 산문집으로 『그러나 나는 살아가리라』, 『쏘주 한잔 합시다』, 『아름다운 얼굴들』 등을 출간하였다. 1997년 제15회 신동엽 창작기금을 받았다.

유 재 영

1948년 충남 천안에서 출생하였으며 1973년 현대시학, 신동아, 시조문학 등에 작품을 발표하였다.
시집 『한 방울의 피』, 『지상의 중심이 되어』, 『고욤꽃 떨어지는 소리』, 『100인선 유재영 시집 변성기의 아침』, 시조집 『4인집 네 사람의 얼굴』, 『햇빛시간』, 『절반의 고요』, 『4인집 네 사람의 노래』, 『느티나무 비명碑銘』 등을 출간하였다.

유 홍 준

1963년 경남 산청에서 출생하였으며 1998년 『시와반시』로 등단하였다. 시집 『喪家에 모인 구두들』, 『나는, 웃는다』, 『저녁의 슬하』를 출간하였고 소월시문학상, 이형기문학상을 수상하였다.

윤 제 림

1959년 충북 제천에서 나고 인천에서 자랐다. 1987년『문예중앙』신인문학상을 통해 등단했다.『삼천리호자전거』,『미미의 집』,『황천반점』,『사랑을 놓치다』,『그는 걸어서 온다』,『새의 얼굴』등의 시집을 냈다. 불교문예 작품상을 받았다.

이 경 림

1947년 경북 문경 출생으로 1989년『문학과비평』봄호에「굴욕의 땅에서」외 9편을 발표하며 등단하였다. 시집『토씨찾기』,『그곳에도 사거리는 있다』,『시절하나 온다, 잡아먹자』,『상자들』,『내 몸 속에 푸른 호랑이가 있다』, 산문시집『나만 아는 정원이 있다』, 산문집『언제부턴가 우는 것을 잊어버렸다』, 비평집『사유의 깊이, 관찰의 깊이』등을 출간하였으며 지리산문학상을 수상하였다.

이 규 리

1955년 경북 문경에서 출생하였으며 1994년『현대시학』으로 등단하였다. 시집으로는『앤디 워홀의 생각』,『뒷모습』,『최선은 그런 것이에요』가 있다.

이덕규

1961년 경기 화성에서 출생했으며 1998년 『현대시학으로』 등단하였다. 시집 『다국적 구름공장 안을 엿보다』, 『밥그릇 경전』이 있다.

이상국

1946년 강원도 양양 출생으로 1976년 『심상』 신인상으로 등단하였다. 시집 『동해별곡』, 『내일로 가는 소』, 『우리는 읍으로 간다』, 『집은 아직 따뜻하다』, 『어느 농사꾼의 별에서』, 『뿔을 적시며』가 있으며 백석문학상, 민족예술상, 유심작품상, 불교문예작품상 등을 수상하였다.

이승하

1960년 경북 김천 출생이며 1984년 중앙일보 신춘문예 시 당선, 1989년 경향신문 신춘문예 소설 당선으로 등단하였다. 시집 『사랑의 탐구』, 『우리들의 유토피아』, 『욥의 슬픔을 아시나요』, 『폭력과 광기의 나날』, 『박수를 찾아서』, 『생명에서 물건으로』, 『뼈아픈 별을 찾아서』, 『인간의 마을에 밤이 온다』, 『취하면 다 광대가 되는 법이지』, 『천상의 바람, 지상의 길』이 있다.

이시영

1949년 전남 구례 출생이며 1969년 중앙일보 신춘문예로 등단하였다. 시집『만월』,『무늬』,『사이』,『은빛 호각』등 다수를 출간하였다.

이영광

1965년 경북 의성에서 태어나 안동에서 자랐다. 1998년『문예중앙』신인문학상에 「빙폭」 외 9편이 당선되어 등단했으며, 시집으로『직선 위에서 떨다』(2003),『그늘과 사귀다』(2007),『아픈 천국』(2010)『나무는 간다』를 펴냈다. 노작문학상, 지훈문학상, 미당문학상을 수상했다.

이원규

1962년 경북 문경 출생으로 1984년『월간문학』, 89년『실천문학』으로 등단하였다. 시집『강물도 목이 마르다』,『옛 애인의 집』,『돌아보면 그가 있다』,『지푸라기로 다가와 어느덧 섬이 된 그대에게』,『빨치산 편지』등이 있으며 산문집『멀리 나는 새는 집이 따로 없다』『지리산 편지』등을 출간하였다. 신동엽창작상, 평화인권문학상 수상하였다.

이 윤 학

1965년 충남 홍성에서 출생하여 1990년『한국일보』신춘문예에「청소부」,「제비집」,「달팽이의 꿈」이 당선되어 등단했다. 시집『먼지의 집』,『붉은 열매를 가진 적이 있다』,『나를 위해 울어주는 버드나무』,『아픈 곳에 자꾸 손이 간다』,『꽃 막대기와 꽃뱀과 소녀와』,『그림자를 마신다』,『너는 어디에도 없고 언제나 있다』,『나를 울렸다』를 펴냈다.

이 은 봉

1953년 충남 공주 출생으로 1984년『창작과비평』신작시집『마침내 시인이여』를 통해 시인으로 등단하였다. 시집으로『내 몸에는 달이 살고 있다』,『길은 당나귀를 타고』,『책바위』,『첫눈 아침』,『걸레옷을 입은 구름』등이 있다. 한성기문학상, 유심작품상, 가톨릭문학상, 질마재문학상 등 수상하였다.

이 재 무

1958년 충남 부여에서 출생하였으며 1983년『삶의 문학』을 통해 작품 활동을 시작하였다. 시집『섣달그믐』,『온다던 오지 않고』,『벌초』,『시간의 그물』,『위대한 식사』,『저녁 6시』,『경쾌한 유랑』, 시선집『길 위의 식사』가 있다.

이 정 록

1964년 충남 홍성에서 출생하였으며 1993년 동아일보 신춘문예로 등단하였다. 시집『아버지학교』,『어머니학교』,『정말』,『의자』,『제비꽃 여인숙』,『버드나무 껍질에 세들고 싶다』,『풋사과의 주름살』,『벌레의 집은 아늑하다』, 산문집『시인의 서랍』, 동화『십 원짜리 똥탑』,『귀신골 송사리』, 동시집『저 많이 컸죠』,『콧구멍만 바쁘다』를 출간하였으며 윤동주문학대상, 김달진문학상, 김수영문학상을 수상하였다.

이 홍 섭

1965년 강원도 강릉 출생이며 1990년『현대시세계』로 등단하였다. 시집『강릉, 프라하, 함흥』,『숨결』,『가도가도 서쪽인 당신』,『터미널』이 있다.

임 동 확

1959년 광주 출생이며 1987년 시집『매장시편』을 펴내면서 작품 활동을 시작하였다. 시집『살아있는 날들의 비망록』,『운주사 가는 길』,『벽을 문으로』,『처음 사랑을 느꼈다』,『나는 오래전에도 여기 있었다』,『태초에 사랑이 있었다』, 시론집『사람이 꽃보다 아름다운 이유』등을 펴냈다.

장 옥 관

1955년 경북 선산 출생이며 1987년 『세계의문학』으로 등단하였다. 시집 『황금 연못』, 『바퀴소리를 듣는다』, 『하늘 우물』, 『달과 뱀과 짧은 이야기』, 『그 겨울 나는 북벽에서 살았다』와 동시집 『내 배꼽을 만져보았다』 등을 펴냈다. 김달진문학상 등을 수상했고, 한국문화예술위원회 '2007 올해의 시'에 선정됐다.

정 끝 별

1964년 전남 나주에서 태어났다. 1988년 『문학사상』 신인발굴 시 부문 신인상에 「칼레의 바다」 외 6편의 시가 당선되어 등단하였다. 1994년 『동아일보』 신춘문예 평론 부문에 당선된 후 시 쓰기와 평론 활동을 병행하고 있다. 시집 『자작나무 내 인생』, 『흰 책』, 『삼천갑자 복사빛』, 『와락』 등이 있다.

정 병 근

1962년 경북 경주에서 태어났다. 1988년 『불교문학』을 통해 문단에 나왔으며 2001년 『현대시학』에 「옻나무」 외 9편을 발표하면서 작품 활동을 시작하였다. 시집으로 『오래 전에 죽은 적이 있다』, 『번개를 치다』, 『태양의 족보』가 있다.

조 말 선

1965년 경남 김해 출생이며 1998년 부산일보 신춘문예, 현대시학으로 등단하였다. 시집 『매우 가벼운 담론』, 『둥근 발작』, 『재스민 향기는 어두운 두 개의 콧구멍을 지나서 탄생했다』를 출간하였다. 현대시 동인상, 현대시학 작품상을 수상하였다.

조 용 미

1962년 경북 고령 출생이며 1990년 『한길문학』으로 등단하였다. 시집 『불안은 영혼을 잠식한다』, 『일만 마리 물고기가 山을 날아오르다』, 『삼베옷을 입은 자화상』, 『나의 별서에 핀 앵두나무는』, 『기억의 행성』을 출간하였다.

조 은

1960년생으로 1988년 계간 『세계의 문학』을 통해 등단했다. 시집으로 『땅은 주검을 호락호락 받아주지 않는다』, 『무덤을 맴도는 이유』, 『따뜻한 흙』, 『생의 빛살』이 있다. 이밖에도 산문집 『벼랑에서 살다』, 『조용한 열정』, 『낯선 길로 돌아오다』, 『마음이여 걸어라』, 『또또』 등의 저서가 있다.

차 주 일
1961년 전북 무주에서 출생하였다. 2003년 『현대문학』으로 등단하였으며 시집 『냄새의 소유권』이 있다.

채 호 기
1957년 대구 출생으로 1988년 『창작과비평』으로 등단하였다. 시집으로 『지독한 사랑』, 『슬픈 게이』, 『밤의 공중전화』, 『수련』, 『손가락이 뜨겁다』, 『레슬링 질 수밖에 없는』을 출간하였다.

천 수 호
1964년 경북 경산 출생으로 2003년 조선일보 신춘문예로 등단하였다. 시집 『아주 붉은 현기증』이 있다.

최두석

1955년 전남 담양 출생이며 1980년 『심상』으로 등단하였다. 시집으로 『대꽃』, 『임진강』, 『성에꽃』, 『사람들 사이에 꽃이 필 때』, 『꽃에게 길을 묻는다』, 『투구꽃』 등이 있다.

최문자

서울 출생으로 『현대문학』으로 등단하였다. 시집 『귀 안에 슬픈 말 있네』(1988), 『나는 시선 밖의 일부이다』(1993), 『울음소리 작아지다』(1999), 『나무고아원』(2003), 『그녀는 믿는 버릇이 있다』(2006), 『닿고 싶은 곳』(2011), 『사과 사이사이 새』(2012)를 펴냈다. 한성기문학상, 박두진문학상, 한국여성문학상을 수상하였다.

최영철

1956년 경남 창녕 출생이며 1986년 한국일보 신춘문예 시가 당선 되어 등단했다. 시집 『찔러본다』, 『호루라기』, 『그림자 호수』, 『일광욕하는 가구』 등이 있으며 육필시선집 『엉겅퀴』, 산문집 『동백꽃, 붉고 시린 눈물』, 성장소설 『어중씨 이야기』 등이 있다. 백석문학상, 최계락문학상, 이형기문학상을 수상하였다.

하종오

1954년 경북 의성에서 출생하였고 1975년 『현대문학』 추천으로 등단하였다. 시집 『벼는 벼끼리 피는 피끼리』, 『사월에서 오월로』, 『넋이야 넋이로다』, 『분단동이 아비들하고 통일동이 아들들하고』, 『정』, 『꽃들은 우리를 봐서 핀다』, 『어미와 참꽃』, 『깨끗한 그리움』, 『님 시편』, 『쥐똥나무 울타리』, 『사물의 운명』, 『님』, 『무언가 찾아올 적엔』, 『반대쪽 천국』, 『님 시집』, 『지옥처럼 낯선』, 『국경 없는 공장』, 『아시아계 한국인들』, 『베드타운』, 『입국자들』, 『제국(諸國 또는 帝國)』, 『남북상징어사전』, 『님 시학』, 『신북한학』, 『남북주민보고서』, 『세계의 시간』, 『신강화학파』 등이 있다. 신동엽창작상, 불교문예작품상을 수상했다.

함민복

1962년 충북 충주 출생이며 1988년 계간 『세계의 문학』으로 등단하였다. 『눈물을 자르는 눈꺼풀처럼』, 『모든 경계에는 꽃이 핀다』, 『말랑말랑한 힘』 등의 시집을 발간하였다.

홍영철

1955년 대구에서 태어났다. 1978년 매일신문 신춘문예와 『문학사상』으로 등단하였다. 시집 『작아지는 너에게』, 『너는 왜 열리지 않느냐』, 『가슴속을 누가 걸어가고 있다』, 『여기 수선화가 있었어요』가 있다.

황 학 주

1954년 광주에서 출생하였다. 1987년 시집 『사람』으로 작품 활동을 시작하였으며 시집으로 『내가 드디어 하나님보다』, 『갈 수 없는 쓸쓸함』, 『늦게 가는 것으로 길을 삼는다』, 『너무나 얇은 생의 담요』, 『루시』, 『저녁의 연인들』, 『노랑꼬리 연』, 『某月某日의 별자리』, 『사랑할 때와 죽을 때』 등이 있다. 서정시학작품상, 애지문학상 등을 받았다.

시를 쓸지언정 유언은 쓰지 않겠소!
이육사 시인 헌정 우리시대 시인 64인의 육필 시

제1판 1쇄 2014년 9월 30일

기획	이육사문학관
글	고형렬 외 63인
디자인	류지혜

펴낸이	주정관
펴낸곳	엠블라
주소	경기도 부천시 원미구 상3동 529-2 한국만화영상진흥원 311호
전화	(032) 325-5281
팩스	(032) 323-5283
ISBN	978-89-959155-7-8 03810

이 도서의 국립중앙도서관 출판예정도서목록(CIP)은 서지정보유통지원시스템 홈페이지
(http://seoji.nl.go.kr)와 국가자료공동목록시스템(http://www.nl.go.kr/kolisnet)에서
이용하실 수 있습니다. (CIP제어번호 : CIP2014027333)

이 책은 저작권법에 따라 보호받는 저작물이므로 무단 전재와 복제를 금하며, 이 책의 내용 전부
또는 일부를 이용하려면 반드시 저자와 이육사문학관의 서면 동의를 받아야 합니다.
ⓒ 이육사문학관, 고형렬 외 63인

이 책은 안동시의 이육사문학축전 보조금 사업으로 제작되었습니다.